Lb 132. 46

CONSIDÉRATIONS

SUR

LES ÉMIGRÉS,

Par M. A. GUIRAUD-LA MALVIÈRE.

A PARIS,

Chez les Marchands de Nouveautés.

AVRIL 1815.

CONSIDÉRATIONS

SUR

LES ÉMIGRÉS.

~~~~~~~~~

Une révolution vient de s'opérer; Napoléon est remonté sur le trône; sa rentrée dans notre patrie a été comme un retour après un voyage : il a couru de l'île d'Elbe aux Tuileries, comme s'il eût été attendu; et à peine avait-il touché le sol de la France, que son nom seul s'en était déjà emparé. Singulier prestige attaché au génie de l'homme, d'aller au-devant de lui comme un audacieux messager, et de remplir d'un seul élan l'immense carrière qu'il lui a montrée!

Napoléon, debout sur les rochers de son île, a prêté souvent l'oreille à nos plaintes et à nos murmures; il en a recherché la cause, il s'est présenté pour la détruire. Aussi, en abordant sur nos rivages, n'a-t-il pas planté sa lance en signe de conquête ; il a relevé la colonne de notre liberté, que son pouvoir avait presque abattue, et il appelle, comme aux temps reculés, autour d'elle, tout un peuple intéressé à consolider sa base, puisqu'elle doit porter ses destinées.

Mais, je le demande à l'Empereur et à la France (et pour cela je me réfugie auprès de cette colonne sacrée), est-ce le moment d'y suspendre de nouveau les dépouilles de nos frères ? Sont-ce des trophées dignes d'elle et de nous ? Pourquoi nous effrayer encore par ces mots d'*émigrés* et de *séquestres,* qui ne rappellent que trop nos désordres politiques ? Pourquoi Napoléon, si noblement oublieux de tant de souvenirs récens, va-t-il chercher, au milieu des malheurs qui l'ont précédé, de nouveaux sujets d'infortune et de haine ? Les sublimes pensées d'un souverain doivent planer bien au-dessus des personnes et des partis, et ses bienfaits doivent les embrasser en même temps pour les réunir et les confondre.

Pour moi, qui ai plaint l'infortune des émigrés, qui ai applaudi long-temps à leur résignation, et censuré l'imprudence de leurs prétentions renouvelées, j'élève aujourd'hui en leur faveur une voix impartiale qui, tout en réclamant de la nation leurs droits légitimes, leur fera connaître en même temps leurs derniers torts envers elle. Ce n'est pas leur apologie que je veux tracer ; c'est un cri de justice que je viens faire entendre.

Pourquoi certaines personnes mettent-elles en ce moment un acharnement ridicule à les poursuivre? Ne sont-elles pas guidées par des motifs purement personnels? Les uns leur en veulent de ce qu'un vague scrupule de conscience que leur présence réveille, ne leur laisse pas voir sans peine, dans un dénuement presque absolu, les anciens propriétaires des biens dont ils jouissent, et ils s'irritent d'un mal qu'ils ne veulent pas guérir. La crainte seule anime les autres, faute de plus nobles sentimens. Plusieurs enfin les maudissent sans motifs, et par une vieille habitude d'être constamment en attaque contre la classe naguère privilégiée : mais, au fond, quels sont leurs torts réels ? d'anciennes erreurs peut-être, des vices récens d'amour-propre, mais non pas des crimes.

Quelques heureux fruits que nous ayons tirés de notre révolution, quel est celui de nous qui osera en justifier les premiers excès? Lorsque nous cherchons à en affaiblir l'horreur, nous en rejetons la cause sur l'exaltation extrême donnée aux esprits par les circonstances, et sur ce délire de liberté ou de fidélité qui rendait alors inaccessible à toute sagesse et presqu'à tout sentiment. Si donc on peut alléguer un tel motif d'excuse en faveur de ces hommes qui ne refusèrent pas une goutte du sang le plus pur à leur moindre désir d'ambition, de quel droit ne pouvons-nous pas nous en servir pour ces malheureux proscrits qui étaient en outre excités par deux aiguillons puissans, l'infortune et l'injustice.

Ainsi, en admettant même qu'ils aient eu tort de quitter la France, les motifs généreux qui les entraînèrent loin d'elle ne les excusent-ils pas? En se ralliant autour du panache blanc de Henri, qui ne pouvait plus flotter sur la tête captive du malheureux Louis XVI, ils crurent faire par honneur, et pour l'honneur seulement, ce qu'une raison plus réfléchie, si elle avait été possible à cette époque, leur aurait montré peut-être comme l'effet de l'entraînement et de la mode. Ils étaient d'ailleurs attachés, par des sermens et des services d'un autre genre que ceux du reste de la nation, au roi et à sa dynastie; et tous leurs efforts devaient tendre à le conserver ou à le rétablir. Dans les momens désespérés, lorsqu'on est convaincu que le but qu'on se propose est honorable, on croit qu'il ennoblit et justifie tous les moyens qu'on prend pour y parvenir; et comme jusqu'alors la patrie avait été confondue dans leurs principes avec la dynastie régnante, ne pouvaient-ils pas la croire transportée avec elle et avec eux hors du sein de la France, et les excitant elle-même pour y rentrer?

Leur résolution fut une suite naturelle des sentimens qu'ils tenaient de leur éducation et des idées qu'ils avaient puisées dans le monde où ils avaient vécu, et leur conduite fut d'accord avec les seuls principes politiques reconnus jusqu'à cette époque. Que sera-ce donc si l'on songe encore aux motifs particuliers qui les rappelaient au sein de leurs foyers? Ils venaient préserver leurs propriétés de l'usurpation de leurs domestiques infidèles, détourner du château de leurs aïeux les flammes qui les avaient à moitié consumés, arracher à l'échafaud un reste de leur famille presque anéantie, arrêter la hache levée sur la tête de leur roi, consoler enfin cette belle France toute couverte de sang et de débris. Moins coupables que Coriolan, ils ne purent cependant presser dans leurs bras leurs épouses et leurs mères qui les eussent désarmés; on ne leur envoya que leurs têtes sanglantes, et c'était sur de tels gages de paix qu'on exigeait qu'ils vinssent dans la capitale essuyer eux-mêmes les mains de leurs bourreaux pour effacer les traces de leurs crimes.

Certes, il ne sera personne qui les accuse de bonne foi, si l'on veut un instant se placer dans la position où ils se sont trouvés, entre la hache ou le déshonneur d'un côté, et de l'autre la fidélité et l'exemple, qui, dans ces momens devenant préjugé, acquiert tant d'influence sur l'honneur français. Ils savaient d'ailleurs qu'une partie de la nation, à l'aspect des poignards dressés contre elle, les appelait à grands cris, et ils se présentèrent aux portes de Verdun plutôt comme libérateurs que comme vengeurs.

Le sort les trompa, et aux yeux de la plupart des hommes, c'est un crime d'être trahi par lui. On les vit alors errer de contrées en contrées, non plus pour nous susciter des ennemis; ils réclamaient plutôt la pitié que la vengeance, tant ils étaient poursuivis par leurs concitoyens et abandonnés par les cours étrangères.

Lorsque le gouvernement consulaire fut établi, ils vinrent mêler à notre voix leurs voix reconnaissantes, et la plupart ne demandèrent pour l'oubli de tous leurs maux, que le sommeil de la haine si long-temps acharnée contre eux. Ils furent fiers de reprendre le titre de Français, que nos victoires leur avaient fait d'autant plus regretter ; et, fidèles au consulat comme à l'empire, Napoléon n'eut pas, jusqu'à son abdication, de plus sincères admirateurs.

Tout à coup, et par un revers aussi terrible qu'inattendu, les élémens et la trahison ont repoussé notre char de victoire jusqu'au pied des tours de Paris. Les Bourbons ont été ramenés et nous ont rapporté de l'exil les mêmes idées qui les avaient déjà éloignés de la France et qui ne pouvaient plus s'y introduire. Alors les fausses vanités, les folles prétentions se sont emparées de leurs anciens domaines. Les têtes nobles ont tourné ; et les émigrés ont eu des torts dont ma franchise les accuse et dont ils doivent convenir ; ils se sont trop souvenus de ce qu'ils avaient oublié depuis quinze ans, et dépouillés de leurs droits réels par la constitution, ils s'en sont créés d'imaginaires dans la société qui s'est refusée à les admettre. Empressés et entassés autour du Roi, ils l'ont empêché de regarder assez le reste de la nation ; plus rapprochés de lui, ils ont voulu se saisir de toutes les faveurs échappées à ses mains trop libérales. Le peuple s'est retiré d'eux ; leur vanité en a été un instant satisfaite ; un instant après elle est tombée avec le trône dont elle absorbait tout l'éclat et dont elle se prétendait l'inébranlable appui : sévère, mais utile leçon pour les princes et pour les grands ! Le trône le mieux consolidé s'appuie sur une nation entière, et ne choisit pas pour base une partie de cette nation qui, toujours heurtée et renversée par les autres, lui fait partager ses secousses et sa chute.

Maintenant Napoléon vient de rendre aux Français leurs véritables droits ; ils se borneront tous à ceux du citoyen ; la noblesse est abolie ; les distinctions seront particulières au mérite et finiront avec lui. On ne pourra plus remplir avec des titres et de la morgue le vide de son esprit et de son âme, et l'homme perfectionnera d'autant plus les qualités qu'il aura reçues de la nature, qu'il sera convaincu qu'à elles seules il devra sa fortune et sa considération.

Rien ne manquera au bienfait d'une telle régénération que de s'étendre également sur tous les citoyens, quelles qu'aient été leur opinion et leur conduite. Il n'y aura point de bonheur pour la France tant qu'une partie de ses enfans sera proscrite et dépouillée ; et c'est ici le cas d'examiner si les prétentions des uns peuvent se concilier avec les droits des autres et l'intérêt général du peuple.

Les émigrés doivent être maintenant persuadés que le retour d'aucun Bourbon sur le trône ne leur rendrait leurs biens vendus; ainsi, sous ce rapport, peu leur importe à quelle dynastie ils seront soumis; d'un autre côté, il est plus aisé à l'Empereur qu'il ne l'a été au Roi de les dédommager sans mécontenter la nation. Prévenue que le roi avait pour eux des intentions plus étendues qu'il ne le manifestait, elle prenait ombrage et s'irritait en quelque sorte des moindres choses qui leur étaient accordées, dans la crainte que ce ne fût qu'un acheminement à des concessions plus considérables. Dans l'Empereur, au contraire, elle verrait un prince qui, convaincu du besoin de tout concilier, n'accorderait une dernière grâce que dans le dessein d'imposer pour toujours silence à toutes les prétentions. Au lieu donc de les isoler par un abandon général, il me semble qu'il serait politique, d'abord, de les attacher au gouvernement par des bienfaits émanés de lui et dépendans de lui, et juste en même temps de ne pas les recevoir avec une stérile pitié après s'être emparé de leurs dépouilles.

Pour punir des enfans qui lui ont paru ingrats,

la France s'est cru le droit de faire passer en des mains qu'elle a jugé plus fidèles les biens qu'ils avaient abandonnés. Elle a consacré cette première injustice par des actes si solennels et si souvent renouvelés, qu'elle a rendu en quelque sorte injustes dès ce moment toutes les démarches qui tendraient à la réparer. Ainsi, à cet égard, il sera généreux, de la part des émigrés, de ne plus élever désormais aucune réclamation. Les anciens comme les nouveaux propriétaires sont des Français ; ils ont tous pris depuis vingt-cinq ans, les uns, l'habitude de la propriété, qui est presque un droit, les autres, celle de la résignation, fruit de la nécessité et de leur noble caractère. Et l'on ne pourrait, sans un bouleversement dangereux, remédier à ces déplacemens que le temps a consolidés.

Mais si ces réflexions peuvent s'appliquer avec quelque justice aux biens vendus par la nation, elles sont sans pouvoir à l'égard de ceux qu'elle s'est approprié elle-même. Elle a rappelé les émigrés dans son sein ; je veux qu'elle les ait revus comme des enfans égarés, mais la punition de leur erreur eût-elle dû survivre à l'erreur même ? N'eût-il pas dû suffire qu'ils eussent traîné dans les pays lointains une existence sans appui comme sans espoir, tournant constamment leurs regards du côté de la France qui les repoussait, et ne pouvant plus respirer cet air suave de la patrie, dont le souvenir nous poursuit avec tant d'amertume dans les terres de l'exil? N'eût-elle pas dû leur dire en les revoyant : Tout est oublié, reprenez ce que je puis vous rendre. Retenir leur patrimoine, n'est-ce pas éterniser une injuste rigueur, et lui sied-il de montrer tant de sévérité pour un égarement passager, quand elle témoigne plus que de l'indulgence pour des crimes qui tendaient à l'avilir, puisque c'est en son nom qu'on se vantait de les commettre? Elle doit prononcer un oubli général de nos désordres, et c'est en quelque sorte les préconiser qu'en retirer de coupables avantages.

Mais, dira-t-on, ces biens sont affectés à des institutions utiles; ils sont devenus la dotation des braves, l'apanage des grands de l'état. Je suis loin d'attaquer la destination qui leur a été donnée; mais qu'il me soit permis quelques réflexions à ce sujet.

La gloire et la puissance extérieures qu'un peuple doit à ses armées, n'ont de source durable que dans sa gloire et sa prospérité intérieures. Or celles-ci ne peuvent naître que d'une parfaite harmonie entre tous les citoyens et de leur satisfaction unanime à l'égard du gouvernement.

Une classe opprimée, quelque peu nombreuse qu'elle soit, tient par une foule de ramifications à toutes les autres classes, et le mécontentement, si naturel aux gouvernés, n'a besoin quelquefois que de sortir de quelques bouches pour passer dans toutes les têtes; il amène la négligence dans l'accomplissement des devoirs, l'opposition momentanée à des mesures dont le succès dépend de la prompte exécution ; la censure de tous les actes émanés du prince, enfin un vague désir de changement qu'un instant peut consolider, et une circonstance rendre très-dangereux. Que pourra alors le plus habile capitaine, à la tête de l'armée la plus valeureuse, s'il éprouve dans le recrutement et dans le paiement des impôts des lenteurs ou des obstacles qui paralysent ses projets. Il sentira la nécessité de donner à ses peuples de l'intérieur des garanties pour leur sûreté et leur félicité, au lieu de leur acquérir à grands frais une gloire qu'ils repousseront, quelquefois, comme trop onéreuse.

Toute une nation ne prendra une part réelle et avantageuse à l'exécution d'un projet de son souverain, qu'autant qu'il l'aura déjà admise à participer elle-même à sa formation. En 1792, la liberté fit un appel aux Français, et soudain une armée de héros se leva tout entière; il sortit du milieu des rangs, des officiers de tous les grades qui, jetés par l'enthousiasme de la patrie au milieu des dangers où ils se saisirent en peu d'instans des talens et de l'expérience qu'ils y cherchaient, frappèrent de stupeur nos ennemis vaincus, et d'admiration la France reconnaissante. Si l'on avait intéressé notre patriotisme à la guerre de 1813, si cette même exaltation, cette même unité de désirs nous eussent animés, nous n'aurions jamais entendu hennir, au milieu des colonnes à demi-formées du temple de la gloire, les chevaux des hordes nomades ; ils auraient trouvé la mort dans les flots du Rhin où ils étaient venus se désaltérer, et la France entière, rassemblée sur l'autre bord, aurait par sa seule attitude fait reculer au loin de barbares ennemis qu'elle reçut presque avec indifférence. Ces événemens sont un sujet inépuisable de réflexions pour les souverains ; ils ne doivent jamais envisager leur peuple que dans son ensemble, et non dans une de ses parties quelque importante qu'elle puisse être. C'est d'après ce principe qu'il convient de ne pas faire des émigrés une classe proscrite et mécontente, en sacrifiant à l'armée des droits qui ne devraient pas leur être contestés.

La légion d'honneur n'a pas d'ailleurs, pour

unique apanage, les biens dont je réclame la restitution, ils n'en sont qu'une partie; on pourrait donc, ce me semble, conserver aux chevaliers l'entière dotation attachée à ce titre, d'autant mieux que donnée presque toujours à des soldats couverts d'honorables blessures, elle est une récompense souvent insuffisante des services qu'ils ont rendus. Quant aux autres grades, réservés aux officiers supérieurs ou généraux, déjà dotés d'une solde considérable, leur traitement ne pourrait-il pas souffrir une déduction peu onéreuse à ceux qui la supporteraient, et infiniment avantageuse aux émigrés ruinés au profit desquels on la ferait tourner? La nation dédommagerait ces braves par sa reconnaissance, et refuseraient-ils ce léger sacrifice à son bonheur et à son repos, eux qui ont déjà tant sacrifié à sa gloire? Plusieurs y consentiraient avec d'autant plus de joie, qu'ils le feraient en faveur de leurs parens ou de leurs amis; car il est impossible d'isoler les émigrés du reste des Français; il n'est presque pas de familles qui n'aient des rapports avec quelqu'un d'entr'eux.

Quant aux dotations du sénat, elles donneront lieu à d'autres observations.

Si la nouvelle constitution affecte à un corps de l'état les mêmes attributions que celle de 1806 avait donné au sénat de l'Empereur, et la charte à la chambre des pairs, je suis persuadé qu'on sentira la nécessité de le former d'hommes inaccessibles à la crainte comme à l'ambition personnelle, et fidèles d'abord à leur conscience, pour l'être à la nation et au souverain. L'honneur seul doit récompenser une si haute distinction, et seul il doit suffire pour y faire parvenir. Alors un sénateur qui ira, avec la modestie d'un simple citoyen et la seule dignité de la vertu, discuter les grands intérêts de l'empire, imprimera plus de respect que celui qui, paré d'un vain luxe, viendra prendre à côté de lui une place qu'il ne devra peut-être qu'à l'illustration de sa naissance ou de sa fortune. Nous avons vu les sénateurs de 1812 et de 1813, trafiquer, en quelque sorte, de leur silence et de leur adhésion à tout ce qu'on leur demandait. Trente mille francs de revenus pesaient sur leur courage et le paralysaient, et ils trouvaient ce traitement trop considérable pour ne pas emporter la balance, où se trouvaient d'un côté leurs devoirs et leurs opinions. Nous avons vu ceux de 1814 faire, de leurs rentes héréditaires, le premier article d'une constitution qu'ils prétendaient donner à la France. Lorsque des charges aussi éminemment importantes ne donnent que de la considération, ceux qui désirent en être investis, animés par ce seul motif, rivalisent de vertus et de talens pour la mériter de leurs concitoyens. Si on y joint l'appât de la fortune, il absorbe tous les désirs, et on ne rivalise plus d'efforts que pour obtenir du souverain la continuation d'une grâce qui émane de lui seul.

D'après cela, il me semble que les dotations du sénat peuvent être déclarées, sans inconvéniens, susceptibles de réduction.

Mais ce n'est pas encore assez. Si la restitution des biens non vendus indemnise une partie des émigrés, plusieurs n'y trouvent aucun avantage. Il s'agit donc d'examiner quelles peuvent être les mesures convenables pour étendre sur tous des bienfaits dont l'existence même de plusieurs a besoin.

Un décret de l'Empereur annulle toutes les nominations faites par le roi dans l'année, et en éloigne les émigrés qu'on y avait introduits. Je ne suis pas surpris qu'il veuille donner à ses soldats des officiers qui, formés dans leurs rangs, aient contracté comme eux une longue habitude des fatigues et de la gloire; qu'il aime à s'entourer de ces vieilles phalanges auxquelles il puisse faire reconnaître au besoin les champs de victoire de Marengo et d'Austerlitz; d'ailleurs, il faut désormais à la guerre toute une vigueur de jeunesse à épuiser, tout l'enthousiasme de vingt ans à enflammer, toute la rapidité d'une ambition naissante à mettre en mouvement. Cet honneur qui ne vieillit jamais dans un cœur français ne saurait suffire, et l'on ne doit pas se mêler aux travaux d'une campagne dès qu'ils ne sont plus un jeu dont on s'occupe avec transport. Qu'ils rentrent donc paisibles dans leurs foyers, qu'ils y suspendent de nouveau leur épée pour la remettre à leurs petits enfans quand la patrie les réclamera, ces nobles preux, blanchis par l'âge et le malheur plus que par les combats; qui, ramenés par les circonstances dans une lice qu'ils avaient abandonnée, n'y serviraient plus que d'obstacle aux jeunes héros élancés pour la parcourir. Ils applaudiront à nos conquêtes, et tous n'y seront pas étrangers. Déjà, depuis plusieurs années, leurs enfans, mêlés à ceux de la liberté, ont payé à la patrie la dette immense de leurs pères; qu'ils demeurent donc dépositaires des lauriers qu'ils leur ont apportés d'Iéna, de Friedland, de Wagram! Si la haine les poursuit encore, qu'ils s'en couvrent à ses regards, et que la patrie devienne pour eux libérale de faveurs, puisque leurs enfans sont prodigues de leur sang pour elle. Ah! lorsque revenus parés de nobles cicatrices au sein de leur famille, ils imprimeront leurs lèvres sur le front paternel, doivent-ils le trouver desséché par les soins dévorans de la misère, et peuvent-ils, sans frémir en touchant leurs lauriers, les sentir arrosés de larmes ! Sans doute ils se diront alors : Et nos pères aussi ont servi la France qui les abandonne; le même âge nous menacerait-il du même sort? Quel que soit son chef, la patrie n'est-elle pas toujours la même? n'est-ce pas elle qui doit les récompenses, et cette dette n'est-elle pas sacrée pour tous ceux qu'elle charge de l'acquitter?

Convient-il en effet d'oublier tous les services dont la date est antérieure à nos premiers malheurs? L'Empereur n'aurait-il pas dû se regarder en 1806 comme le successeur de Louis XVI (ou plutôt du dernier roi, ce qui particularise moins les bienfaits à continuer, et donne plus de droits à la justice qu'à la faveur)? Ce qu'il n'a pas fait alors, les événemens survenus depuis et les méditations de l'île d'Elbe, ne pourraient-ils pas l'engager à le faire? Il ne doit pas, comme Louis XVIII, dans l'absence du service, en récompenser l'intention. Une pension de retraite relative aux grades nommés et soldés par Louis XVI, et si l'on veut encore, à la fortune de l'émigré auquel elle serait accordée, me paraît un moyen sûr d'attacher à peu de frais au gouvernement, une classe trop délaissée par lui, et d'imposer silence aux réclamations extrêmes, suite ordinaire des refus absolus.

Si l'on allègue le mauvais état des finances, je demanderai pourquoi certaines places d'administration qui seraient toujours recherchées parce qu'elles flattent l'amour-propre de celui qui les exerce, sont-elles payées, non-seulement par l'état, mais encore par les départemens en particulier, de manière à ce que la cupidité en fasse plutôt un objet de spéculation, que le patriotisme un poste d'honneur? Qu'on veuille bien balancer tous les droits et toutes les récompenses; qu'une main impartiale les distribue, et les émigrés pourront encore avoir part à ses bienfaits. Aucun genre de gloire ne doit être inconnu à la France; c'est peu de celle qu'elle tient de ses triomphes, celle des généreuses vertus ne saurait lui être étrangère; et si le terrible éclat dont elle a récemment brillé a fait pâlir toute l'Europe, il faut maintenant qu'une lumière plus douce et plus pure, émanée de son sein régénéré, fasse lire dans son exemple à tous les peuples quels sont leurs droits et leurs devoirs, et à tous les souverains, qu'ils ne sont là que pour maintenir les uns et veiller à l'accomplissement des autres. Au cœur d'un vrai monarque doit se rattacher, comme à un centre unique, par des chaînes égales, l'existence de tous ses sujets; il doit sentir les secousses qu'elle éprouve, et frémir toutes les fois que quelques chaînes se rompent; identifié en quelque sorte avec leurs mouvemens, il doit les diriger et s'occuper de tous avec la même sollicitude. De cet accord parfait seulement peut naître le bonheur des peuples qui fait la seule gloire de leur chef.

Nous voici arrivés à une époque où une expérience, souvent funeste, a pu nous faire juger de tous les genres de gouvernemens diversement prônés par les publicistes. Des langes de la monarchie féodale, passant à l'excessive liberté, nous refugiant, pleins d'effroi, dans les bras de l'anarchie; tombant avec elle sous le despotisme, tendant la main à des princes que nous avions cru formés comme nous par le temps et le malheur, et grandis avec les circonstances, nous dégageant sans effort des liens faibles et usés dont ils voulaient nous envelopper, appelant de nouveau la liberté, mais d'une voix calme et avec plus de réflexion que de transport; voilà depuis vingt-cinq ans l'histoire de nos vissicitudes. A l'enfance a succédé toute l'effervescence d'une jeunesse orageuse; l'abattement qui suit le délire est survenu; après lui la résignation et le besoin de repos. On l'a troublé pour nous obliger à des pas rétrogrades, et notre réveil a été le signal d'un pas immense et unanime vers la possession de nos droits.

Si l'on observe de près tant de changemens, on découvrira une de leurs principales causes dans cette inégalité d'existence politique établie entre les diverses classes de citoyens, par un gouvernement tantôt prodigue de faveurs et tantôt de persécutions.

Avant la révolution on se transmettait de père en fils le droit de nous mener en lisière, sans songer que notre démarche, développée par l'esprit du siècle, et devenue tous les jours plus libre et plus imposante en était continuellement entravée; au premier cri de liberté tous ces liens ont été rompus : nous avons vu de plus près ceux qui se prétendaient nés pour nous conduire; nous avons dû être révoltés de trouver tous les priviléges du même côté où brillaient le moins de lumières et de vertus; le peuple a heurté avec trop de violence peut-être cette noblesse, qui ramassée près du trône, a voulu s'identifier avec lui; il s'est irrité de sa résistance, trop séparé par elle de son roi qu'il ne pouvait connaître; une funeste erreur le lui a montré comme le chef de cette classe qu'il proscrivait, et entraîné par un égarement condamnable, il a confondu dans sa haine et dans sa terrible vengeance les droits toujours sacrés et incontestables du monarque avec ceux de ses courtisans, toujours injustes et arbitraires.

Aux abus ont succédé les crimes, et la révolution, comme un fantôme hideux, est devenue tout à coup colossale et menaçante; la faux du temps à la main on l'a vue détruire les monumens de la religion et des arts, anéantir des familles entières, pousser à grands cris hors de la France ceux qu'il aurait suffi d'abaisser au niveau général, et debout sur nos frontières égorger sans émotion les malheureux que le charme irrésistible de la patrie attirait vers l'antique foyer de leurs pères, où rien ne leur appartenait plus, hélas! qu'un douloureux souvenir. Aussi notre pitié succéda-t-elle bientôt aux sentimens d'envie que naguère les courtisans nous avaient inspirés. Nous oubliâmes leurs fautes, nous ne vîmes que leurs malheurs, et tout ce qu'il y avait d'âmes honnêtes en France s'irrita d'une telle persécution; ont eut honte d'une liberté due à des bourreaux, et d'un patriotisme à partager avec eux. On s'éleva hautement contre ces réformes sanglantes; les réformateurs effrayés crurent que pour les maintenir il fallait employer les mêmes mesures qui les avaient établies, et le mécontement porté à son comble allait de nouveau bouleverser l'Etat quand Bonaparte parut.

Son consulat a été l'époque la plus brillante de notre prospérité, parce qu'alors elle n'était pas fondée sur des conquêtes gigantesques et chancelantes comme des colonnes sans base; mais sur des actes sages et modérés qui montraient l'intention de concilier tous les partis et de guérir les plaies de l'intérieur. L'empire s'établit, et avec l'ambition de son chef commencèrent de nouveaux priviléges pour une nouvelle classe de citoyens, les militaires.

Le vainqueur de l'Italie revenu d'Egypte entouré du prestige de ses triomphes, porté par ses soldats de la tête d'une armée à celle d'un gouvernement, crut tout devoir à sa gloire et à ceux qui l'avaient partagée. Contraignant dans les premières années tout ce qu'une telle pensée lui inspirait d'ambitieux pour l'avenir, il attendit pour en développer l'étendue que la confiance du peuple dont il s'occupa avec une heureuse sollicitude, lui en fournit les moyens. Habile à se montrer nécessaire, il conquit en un seul jour à Marengo tous les vœux des Français, qui ne virent plus leur sûreté que dans sa puissance.

L'élan de son ambition redoubla de vigueur en proportion de ses moyens ; debout sur un trône élevé sur ses trophées, son propre éclat l'éblouit, et il crut voir son aigle superbe couvrir l'Europe entière de ses ailes victorieuses.

Cinq années remplies de succès vinrent consolider en système ce qui n'avait été d'abord qu'un délire de gloire et de pouvoir. Aussi les regards de l'Empereur absorbés par une armée immense se reposaient-ils à peine sur le reste de son peuple. C'était de lui cependant qu'il tirait l'aliment de ses conquêtes, et il en était insatiable ; les campagnes souffraient, elles demeurèrent long-temps sans se plaindre. Quand les murmures commencèrent, ils vinrent expirer dans les bureaux d'une préfecture, d'où ils étaient envoyés à Paris sous la forme de bénédictions pour le prince et de dévouement à ses projets. On voyait arriver dans les provinces, des décrets de conscription à la main, des militaires sans pudeur, parce que l'épée qu'ils profanaient assurait leur impunité ; vendant au poids de l'or leur justice comme leurs faveurs, et ne comptant pour rien dans la balance les pleurs des épouses ou des veuves, et les dernières prières d'un vieillard expirant dans les derniers adieux de son fils. J'ai vu s'indigner de ces déprédations, que favorisaient les autorités administratives , tous ces braves guerriers qui, n'ayant rapporté de leurs campagnes que l'honneur de leurs blessures, faisaient rougir devant leur noble pauvreté, la fortune honteuse de leurs compagnons qu'ils désavouaient. Les ministres, trompés par les préfets, trompaient à leur tour le Souverain, qui aurait fait cesser tant d'horreurs, s'il les avait connues. Les militaires, en parcourant les départemens, annonçaient hautement que la nation entière leur appartenait par droit d'illustration et même par droit de force : comme si toute la force ne résidait pas dans la nation même, et si elle ne pouvait pas leur en retirer à volonté le dépôt qu'elle leur avait confié ! La classe agricole et commerçante se refusait à une telle tyrannie ; ou y cédait en murmurant ; aussi dès que les revers de nos armées leur firent de nos secours un besoin plus indispensable et plus immédiat, au lieu de voir en elles notre appui et d'unir tous nos sacrifices à leurs efforts, ce qui eût pu sauver la France, nous nous souvînmes trop des maux que nous venions de souffrir, et la crainte d'y retomber étouffant notre patriotisme, nous nous soumîmes lâchement à la loi qu'on voulut nous imposer.

Cette loi fut d'abandonner, avec nos places fortes, toute notre artillerie, et avec les frontières du Rhin, le fruit de vingt-cinq ans de gloire. Quant au retour des Bourbons, ce ne sont point les alliés qui l'exigèrent : il faut le dire avec franchise, une grande partie de la nation le désirait ; les cris de *vive le roi!* retentissaient depuis long-temps dans les Pyrénées, quand les nouvelles de la capitale y parvinrent. La France, accablée de tant de fatigues et de sacrifices, reçut le frère de Louis XVI avec d'autant plus de joie, qu'il s'offrit à elle l'olivier à la main et l'oubli du passé dans le fond du cœur. Le désordre des diverses administrations était extrême ; celui de toutes les têtes était plus grand encore : on crut tout faire en remédiant au premier, et l'on ne sentit pas assez l'importance de caresser et de calmer cette effervescence de prétentions, de regrets et de transports qui, éclatant à la fois, renouvela les divisions que le joug uniforme de l'Empereur avait presque effacées en les comprimant. La position du roi était aussi embarrassante que ses intentions étaient pures. A peine assis sur son trône, il y fut assailli de tous côtés par une noblesse imprudente, qui, reproduisant de sa pleine autorité ses antiques prérogatives, voulut en empêcher l'accès à tous ceux dont les droits dataient d'eux-mêmes et non de leurs ancêtres.

Étourdi par de continuelles réclamations, le roi crut obvier à tous les inconvéniens en assurant l'égalité de nos droits politiques dans cette charte qu'il eut tort de nous *octroyer*, et à la formation de laquelle il eût mieux fait d'appeler des députés de son peuple nommés à cet effet.

On l'accuse d'avoir tout sacrifié aux émigrés et aux Vendéens; il a peu fait cependant pour leur existence réelle, mais peut-être beaucoup trop pour leur vanité. Il a cru devoir les dédommager par des égards et une considération particulière, toute d'apparat, de ce qu'il ne pouvait leur rendre; ou plutôt on a cru devoir le faire pour lui, car les fautes de ses courtisans ne doivent pas lui être imputées. Mais l'esprit de l'homme est bizarre et ombrageux; la réalité l'épouvante moins qu'un fantôme : la charte avait détruit les priviléges; le roi donnait les places les plus essentielles aux membres du tiers-état, dans lequel se rangeait encore toute la noblesse nouvelle. Mais tous les postes de vanité, faussement appelés postes d'honneur, étaient réservés à l'amour-propre des grands : eux seuls semblaient pouvoir y prétendre. Il en est des prétentions comme des ombres, plus elles sont vides, plus elles grandissent et paraissent effrayantes : on voyait des étourdis surannés, nobles d'achat, comtes ou marquis impromptu, froisser sans ménagement le plébéien modeste tout étonné de leur impudence et du crédit qu'elle leur donnait. C'est peu des murmures présens qu'ils excitaient dans toute la France ; leur téméraire orgueil entretenait encore des espérances qui, follement annoncées, portaient à leur comble les craintes et le mécontentement pour l'avenir.

Je ne parlerai point des demi-soldes et des réformes que la paix et nos finances nécessitaient, mais à côté desquelles on n'eût pas dû étaler le luxe d'une maison militaire aussi dispendieuse qu'inutile; il est vrai qu'elle offrait la réunion des qualités les plus brillantes, embellies par le charme d'une éducation distinguée ; mais on eût mieux fait peut-être de disséminer dans les gardes nationales des provinces toute cette jeunesse qui, pleine d'honneur, de courage et de dévouement à son roi, eût aisément communiqué tous ces sentimens au peuple des campagnes, sur lequel la fortune bienfaisante donne tant d'influence. L'élite de l'armée, placée auprès du roi, lui aurait fait une égide de l'armée entière ; et cette honorable confiance de leur souverain eût montré, en lui à tous les braves, la patrie elle-même, reconnaissante de leurs derniers efforts, plus magnanimes que tous leurs exploits. La négligence qu'on leur a témoigné, l'espèce d'abandon qu'on a fait de leur gloire; la prodigalité de la décoration dont ils étaient fiers, puisque leur sang la leur avait acquise; tous ces motifs leur ont fait voir les Bourbons séparés de la patrie, et ils ne se sont crus liés qu'avec elle.

Dans cet état de choses, l'Empereur a ressaisi sa couronne; qu'il profite de ces vingt-cinq ans d'expérience, qui peuvent plus pour l'instruction des princes que tous les siècles écoulés; c'est peu de confondre tous ses sujets dans leurs droits, il doit aussi les confondre dans son amour; il doit faire oublier aux émigrés qu'ils ont été procrits par la France, et qu'ils ont eu d'autres intérêts que les siens; qu'il unisse les opinions et les vœux de tout son peuple, et il en formera un faisceau de puissance inébranlable. Ils nous a dit : je veux régner par vous et pour vous; s'il tient ses promesses nous dirons à nos enfans de le bénir et de le défendre.

FIN.

DE L'IMPRIMERIE DE J. GRATIOT.

www.ingramcontent.com/pod-product-compliance
Lightning Source LLC
Chambersburg PA
CBHW060907050426
42453CB00010B/1585